Poursuite

inattendue

Christiane Szeps-Fralin

Editor: Alfred G. Fralin, Jr.

EMC Publishing
Saint Paul, Minnesota

ISBN 0-8219-0021-8

Published by EMC Publishing
300 York Avenue
St. Paul, Minnesota 55101

Printed in the United States of America
0 9 8 7 6 5 4

Table des matières

1   Le matin du mariage

Chez Thierry: petite garçonnière propre mais, il faut le dire, un peu négligée. Le salon, servant aussi de chambre à coucher, communique avec les trois autres pièces: la cuisine, la salle de bains et la salle à manger. Thierry dort profondément sur le divan-lit. L'horloge sonne huit heures (Thierry grogne et se retourne. Le téléphone sonne. Thierry s'étire en bâillant. Il décroche le téléphone.)

Thierry   Allô, oui! *(Il bâille encore une fois.)* A-a-a-a-h! *(On entend une voix d'homme à l'autre bout du téléphone.)*

Jean-Louis   Allô! salut! C'est Jean-Louis à l'appareil. Alors, tu es prêt?

Thierry   Bonjour. Oh là là! Quelle heure est-il? Ah! Huit heures! Qu'est-ce que tu racontes? Mais non. Je ne suis pas prêt. Heureusement que tu me téléphones. Je dois être à la mairie à dix heures et demie. Mais dis donc. Qu'est-ce que tu fais à Paris? Je te croyais dans le Midi.

Jean-Louis   Eh bien, mon vieux, j'ai décidé d'assister à ton mariage. Je ne veux pas manquer l'occasion de te voir finalement domestiqué hein? *(Il rit.)* Ah, ah, ah! Permets-moi de te féliciter.

Thierry   Ah! sacré Jean-Louis, tiens! Toujours le même. Depuis combien de temps es-tu à Paris?

Jean-Louis   Ben, ça fait exactement deux heures que j'y suis. Alors, dis-moi, c'est à onze heures et demie le mariage?

Thierry   C'est ça. A dix heures et demie à la mairie et à onze heures et demie à l'église. Mais écoute, je raccroche car je vais être en retard et, tu sais, Colette n'aime pas ça, surtout elle qui est toujours à l'heure. Je te vois à l'église. Tu viens, n'est-ce pas?

Jean-Louis   Bien sûr. Ecoute. Si tu veux, je passe te chercher en bagnole à dix heures moins le quart. Comme ça tu ne dois pas prendre le taxi ou le bus, d'ac?

Thierry   Super. Ça m'arrange vachement, mais disons dix heures. En voiture ça prend à peine un quart d'heure pour aller de chez moi à la mairie.

Jean-Louis   Donc, entendu. Il est inutile que je monte. Je t'attends en bas dans la voiture à dix heures juste. Tiens! devant la cabine téléphonique juste en bas de chez toi.

Thierry   Formidable. Tu es un chic type quand même. A tout à l'heure.

Jean-Louis   Salut. *(Thierry raccroche. La sonnette de la porte retentit.)*

Thierry   Ah! zut! Qui est là? *(une voix de femme)*

Mme Oudinot C'est moi!

Thierry Maman? Une minute, j'arrive, je mets ma robe de chambre. *(Thierry ouvre la porte.)*

Mme Oudinot Bonjour, mon chéri. Mais tu n'es pas prêt?

Thierry Bonjour, Maman. *(La mère de Thierry entre.)*

Mme Oudinot Regardez-moi ça! Quel désordre chez toi! Il est grand temps que tu te maries. Oh là là! Quelle circulation aujourd'hui! Voilà une demi-heure que je tourne afin de trouver une place pour stationner. Bref, je vois que tu n'es pas prêt et je parie que tu n'as pas déjeuné. Tu as ton smoking? Où sont tes chaussures vernies? Je ne les vois pas. Ah! les voilà dans la cuisine. Mais qu'est-ce qu'elles font dans la cuisine? Mon Dieu! Cette vaisselle dans l'évier! Mais tu n'as pas honte! La pauvre Colette. Elle ne sait pas ce qui l'attend. Heureusement que je suis là. Je vais mettre un peu d'ordre ici.

Thierry Mais, Maman, rassure-toi. Tout va très bien. Ma femme de ménage doit venir nettoyer pendant notre lune de miel. Tout sera impec pour Colette.

Mme Oudinot Ah! Très bien. Donc, tu n'as pas besoin de moi. Je rentre et puis, à vrai dire, je suis très mal garée. N'oublie pas. Dix heures et demie à la mairie. Tu veux que je te passe un coup de fil vers les neuf heures et demie?

Thierry Non, Maman, je te remercie. Ce n'est pas la peine. Je serai à l'heure. Jean-Louis vient me chercher en voiture.

Mme Oudinot Jean-Louis? Ah, oui! Ton copain de régiment?

Thierry C'est ça, il est venu exprès de Nice pour mon mariage.

Mme Oudinot Comme c'est gentil! Bon, alors à tout à l'heure et n'oublie pas de manger avant de partir.

Thierry Ne t'en fais pas. *(Il ferme la porte et se parle.)* Vite, je dois prendre une douche. *(Il chantonne la marche nuptiale.)* la, la lala, la, la, lala..

Questions?

1. Qui est-ce qui téléphone à Thierry?
2. Depuis combien de temps Jean-Louis est-il à Paris?
3. Pourquoi y est-il?
4. C'est à quelle heure, le mariage civil à la mairie?
5. A quelle heure exactement Jean-Louis vient-il chercher Thierry?
6. Comment est-ce qu'il vient?
7. Au lieu de monter, où est-ce que Jean-Louis va attendre Thierry?
8. Thierry est-il prêt à sortir quand sa mère arrive?
9. Selon Thierry, pourquoi sa mère ne doit-elle pas nettoyer son appartement?
10. Qui est Jean-Louis?
11. D'où vient-il?

2   L'Enlèvement

Thierry enfin prêt dans son smoking sort de chez lui. La porte claque, Thierry descend l'escalier. Il arrive devant la porte d'entrée et trouve la concierge en train de balayer le trottoir.

Thierry   Bonjour, Madame Aubertin.

Mme Aubertin   Ah! bonjour, mon petit monsieur Oudinot. Alors, c'est pour aujourd'hui?

Thierry   Eh oui, qu'est-ce que vous voulez? Adieu le dévergondage et bonjour la vie de famille.

Mme Aubertin   Ecoutez-moi, jeune homme! Vous avez de la chance. Mademoiselle Colette est une jeune fille très bien, charmante et jolie avec ça! Il n'y a rien de tel que le mariage. Ça fait dix ans que je suis veuve, eh bien, il ne se passe pas un jour sans que je pense à mon pauvre mari. Ah! c'est beau le bonheur des amoureux!

Thierry   Vous avez l'heure, Madame Aubertin?

Mme Aubertin   Oh! il ne doit pas être loin de dix heures; voilà Madame Fitoussi la concierge d'en face qui secoue son tapis par la fenêtre. Eh! Madame Fitoussi, regardez comme il est beau Monsieur Thierry! On dirait Cary Grant!

Thierry   Flatteuse, va!

Mme Aubertin   Vous attendez un taxi? Vous voulez un petit café en attendant?

Thierry   Je vous remercie mais j'ai rendez-vous avec un copain qui doit venir me chercher. Au fait, Madame Aubertin, j'oublie. Ma femme de ménage doit venir après-demain nettoyer l'appartement. Vous la connaissez, n'est-ce pas?

Mme Aubertin   Bien sûr que je la connais.

Thierry   Je vous confie ma clé; elle passera la prendre vers midi. Vous serez chez vous?

Mme Aubertin   Oh, vous savez bien, je ne bouge pas de la loge à l'heure du déjeuner à cause du journal télévisé.

Thierry   Alors, merci et à bientôt.

Mme Aubertin   Au revoir et bonne chance!

Mme Aubertin reprend son balayage. Thierry va à la cabine téléphonique. Une femme arrive.

La femme   Vous téléphonez?

Thierry   Non, non, je vous en prie, la cabine est libre. J'attends quelqu'un. Vous avez l'heure?

La femme   Oui, il est exactement dix heures une.

Thierry   Je vous remercie.

La femme   Il n'y a pas de quoi. (*La femme entre dans la cabine télé-*

8

phonique et Thierry fait les cent pas en se parlant.)

Thierry Nom d'une pipe, qu'est-ce qu'il fiche?

Au bout de quelques minutes arrive une voiture noire en freinant brusquement. Un petit homme, un chapeau melon sur la tête, en sort et va vers Thierry.

Le petit M. Où est la valise?

Thierry Quoi?

Le petit M. Où est la valise?

Thierry Quelle valise?

Le petit M. La valise, enfin!

Thierry Mais Monsieur, je ne sais pas de quoi vous parlez. Et puis, je ne vous connais pas. Laissez-moi tranquille!

Le petit M. Vous vous foutez du monde, non! Pour la dernière fois, où est la valise?

Thierry Voyons Monsieur, ça suffit! Je vous dis que je n'ai pas de valise et même si j'en avais une, je ne vous la donnerais pas. *(sarcastique)*

Le petit M. Vous faites le malin, hein? Ce n'est pas le moment de blaguer. Allez! Avancez!

Thierry Nom d'un chien, ça commence à bien faire. Je vous répète que je ne vous connais pas. Aïe! Vous me faites mal au bras!

Le petit M. Silence, avancez! Tout à l'heure vous allez avoir mal à la tête.

Thierry Ah! non, en voilà des façons! Je ne bouge pas!

Le petit M. On va voir ça! Avancez! Je vous suis et attention! J'ai un petit bijou dans la poche. *(Il lui montre son pistolet discrètement.)*

Thierry Quoi? Ça va, ça va, j'y vais.

Le petit M. Montez dans la voiture! Ouvre la porte, Julien!

Le petit monsieur au chapeau melon pousse brusquement Thierry dans la voiture noire. Il s'asseoit à côté de lui en s'adressant au chauffeur.

Le petit M. *(dans la voiture)* Allez, fonce, Julien! Alors comme ça, on n'a pas de valise, hein?

Thierry Puisque je vous dis que non. Ecoutez! Je suis Thierry Oudinot. Je dois me marier dans une heure. Tenez! Voilà ma carte d'identité. Vous savez lire? *(Il lit à haute voix.)* Nom: Oudinot — Prénom: Thierry — Né le: 8 octobre 1956 à: Paris — Nationalité française — Taille: 1m83 — Domicile: 14 rue des Urselines, Paris 5ème — Signes particuliers:...*(Le petit monsieur l'interrompt.)*

Le petit M. Ça suffit, ça suffit! On vous emmène voir le patron.

Thierry Mais vous êtes fou, je vais être en retard à la mairie.

Le petit M. La mairie, mon oeil! Suffit les balivernes! Allez, mettez les mains derrière le dos! Passe-moi les menottes, Julien, dans le compartiment à gants! Voilà! Appuie sur l'accélérateur, Julien! Nous perdons assez de temps avec ce type-là. Le patron nous attend depuis

une demi-heure. (*La voiture accélère.*)

Thierry Je vous en supplie, Monsieur, je vous dis la vérité. Je...

Le petit M. Attention, Julien! Ralentis! Tu ne vois pas? C'est un feu rouge! Inutile de le griller! (*grincements de freins. Le petit se retourne vers Thierry.*) Alors, vous dites?

Thierry Que je ne sais pas ce que vous me voulez!

Le petit M. Ecoutez! Vous allez expliquer tout ça devant le patron. En attendant, taisez-vous et admirez le paysage! (*Coup de freins, la voiture reprend, les roues grincent, etc...*)

Questions

1. Selon madame Aubertin, comment est Colette?
2. Depuis combien de temps Mme Aubertin est-elle veuve?
3. Qu'est-ce que Mme Aubertin offre à Thierry?
4. Qui va passer chez Mme Aubertin pour prendre la clé de Thierry?
5. Comment sait-on que Thierry n'a jamais fait la connaissance du petit monsieur au chapeau melon? .
6. Qu'est-ce que Thierry n'a pas?
7. Comment le petit monsieur persuade-t-il Thierry de monter dans la voiture noire?
8. Qu'est-ce que Thierry montre au petit monsieur?
9. Où est-ce qu'on emmène Thierry?
10. Pourquoi Julien doit-il ralentir?

3 Le mariage n'est pas pour aujourd'hui.

Tandis que Thierry se fait kidnapper, Colette et le cortège attendent dans le vestibule de la mairie du cinquième arrondissement où le mariage civil doit avoir lieu avant le mariage religieux qui, lui, a lieu à l'église, comme le veut la tradition française. Un employé de la mairie rejoint le cortège.

L'Employé   Mariage Boussard-Oudinot?

Colette   Oui, Monsieur.

L'Employé   Monsieur le Maire vous attend.

Colette   Nous sommes désolés mais le marié n'est pas encore arrivé. Accordez-nous un petit moment.

L'Employé   Monsieur le Maire est pressé ce matin. Je vous conseille de vous présenter dans cinq minutes. Avez-vous rempli la fiche d'état civil?

Colette   Oui, oui, tout est fait.

L'Employé   Bon, alors cinq minutes. (*L'employé les quitte en bougonnant.*)

Colette (*S'adressant à la maman de Thierry.*) Madame Oudinot, vous êtes allée le voir ce matin, n'est-ce pas?

Mme Oudinot Oui, il m'a dit qu'il serait ici à dix heures et demie. J'ai même proposé de lui téléphoner mais il a insisté en disant que ce n'était pas la peine.

Colette Il a peut-être manqué le bus ou bien il y a eu un accident. La façon dont les conducteurs de bus conduisent!

Mme Boussard Les bus, ce n'est rien à côté des taxis. Tenez! Moi, je suis venue en taxi ce matin, eh bien. J'ai cru ma dernière heure arrivée. Les tournants brusques, les coups de freins inattendus, les excès de vitesse. J'ai bien essayé de dire au chauffeur de ralentir. Vous pensez. Il n'a rien fait. Il est allé de plus en plus vite, il me semble. Je lui ai donné un tout petit pourboire car...

Colette Maman, s'il te plaît! Tu nous as déjà raconté tout ça! Là n'est pas le problème. Je suis très inquiète. Où est allé Thierry?

Mme Boussard J'ai une idée! Je vais lui téléphoner.

Colette C'est ça! Tu as de la monnaie?

Mme Boussard Non. Mais j'ai un jeton. Je vais téléphoner dans le café d'à côté. (*Elle part.*)

Mme Oudinot Mais j'y pense, Thierry n'a pas pris le bus. Il m'a dit que son copain Jean-Louis venait le chercher en voiture. Je parie que Jean-Louis a été en retard. Tiens! Justement, le voilà!

Jean-Louis (*essoufflé*) Thierry est arrivé?

Colette Mais non. Il n'est pas avec vous?

Jean-Louis Pas du tout. Je suis arrivé en bas de chez lui à l'heure dite, et je ne l'ai pas vu.

Colette Vous avez attendu un peu?

Jean-Louis Bien sûr. Je suis même monté sonner à sa porte mais personne n'a répondu.

Colette Et la concierge?

Jean-Louis Je ne l'ai pas vue.

Colette Ça, c'est quand même bizarre. (*On entend marcher la mère de Colette qui revient.*) Alors, Maman?

Mme Boussard Rien. Personne n'a répondu.

Colette Oh! Mon Dieu! Quelque chose est arrivé. (*Elle pleure.*)

Jean-Louis (*Il se rapproche de Colette et la rassure.*) Mais non. Rien n'est arrivé.

Colette Si, si, si. J'ai comme un pressentiment. Je cours me changer et je vais chez Thierry. Maman, Madame Oudinot, restez ici. Si jamais il arrive.

Jean-Louis Ecoutez-moi, Colette. Si vous avez besoin de moi, voilà mon numéro de téléphone: (*Il griffonne sur un bout de papier.*) 033-75-88. Tenez!

Colette Merci. (*Elle part en vitesse.*)

Pendant ce temps Thierry est arrivé à sa destination en compagnie du petit monsieur au chapeau melon. La voiture noire s'est arrêtée devant un petit hôtel. Tous trois en descendent. Thierry le premier, suivi des deux autres. Ils montent au deuxième étage, frappent à une porte au fond du couloir. Une voix d'homme crie.

Le patron Entrez!

Thierry et les deux autres entrent et se trouvent devant un homme d'une cinquantaine d'années, le patron.

Le petit M. Nous le tenons, patron.

Le patron Mais où est la valise?

Thierry Encore? Mais ce n'est pas possible. Ils y tiennent à leur valise. Je vous ai dit que je n'ai pas de valise.

Le patron Ne faites pas l'imbécile. Au téléphone vous avez promis la valise.

Thierry Au téléphone? Je ne vous ai pas parlé au téléphone. Je ne vous connais pas.

Le patron Alors, comment se fait-il que vous êtes au rendez-vous en smoking comme convenu?

Thierry Mais, bande d'idiots, je ne sais rien! Je vous assure! Je suis descendu à dix heures en smoking parce que je dois me marier et j'attendais un copain qui devait venir me chercher pour m'emmener à la mairie. J'attendais depuis quelques minutes quand vos hommes sont venus et m'ont prié si gentiment (*Il dit le mot "gentiment" avec sarcasme.*) de les suivre.

Le patron Vous êtes restés longtemps dans la rue?

Le petit M. Non, patron! Le temps de l'embarquer. Mais comme il n'a pas offert de coopérer, cela a pris un peu plus de temps. Il est têtu!

Le patron Où sont ses papiers?

Le petit M. Les voilà!

Le patron (*Il lit:*) Thierry Oudinot, lm83. (*s'adressant à Thierry*) Vous êtes né à Paris?

Thierry Oui! A l'Hôtel Dieu.

Le patron Zut! Ce n'est pas lui! Mais qu'est-ce qu'il fiche ici? Vous avez raté le coup! Ce n'est pas lui! Voilà pourquoi il ne sait rien et n'a pas de valise. Et qu'est-ce qu'on va faire de lui? Le relâcher?

Thierry Je vous en prie, Messieurs, laissez-moi partir! Je dois me marier!

Le patron Taisez-vous! Nous sommes assez dans le pétrin comme ça! Asseyez-vous, là! Et bouclez-la!

Le petit M. Patron! J'ai une idée! Tout n'est pas perdu. Gardons-le! Ça peut nous aider.

Le patron Mais nom d'une pipe! Où? On ne peut pas le garder à Paris, quand même!

Le petit M. Non, bien sûr! On le descend sur la côte, voilà tout!

Le patron   C'est ça! Vous avez envoyé le télégramme à Nice, comme je vous l'ai demandé?

Le petit M.   Oui, patron! Nous l'avons fait.

Le patron   Bon, d'accord. Julien, vous savez ce qu'il faut faire! Descendez-le à Nice et toi, Marcel, retourne devant la cabine téléphonique et guette!

Le petit M.   Entendu, patron!

Questions

1. Pourquoi le mariage civil n'a-t-il pas lieu à l'heure?
2. Qu'est-ce que Colette a déjà rempli?
3. En ce qui concerne le retard de Thierry, quelles explications possibles Colette offre-t-elle?
4. Comment Mme Boussard, la mère de Colette, est-elle venue au mariage?
5. De quoi Mme Boussard a-t-elle besoin pour utiliser le téléphone du café?
6. Pendant combien de temps Jean-Louis a-t-il attendu Thierry?
7. Pourquoi Colette va-t-elle chez Thierry?
8. Que désire savoir le patron du petit monsieur au chapeau melon?
9. Comment Thierry était-il habillé quand on l'a embarqué en voiture?
10. Pourquoi le patron dit-il à ses hommes qu'ils ont raté le coup?
11. Qu'est-ce qu'on va faire de Thierry, le relâcher?

4 La voiture noire

Pendant ce temps Colette rentre chez elle se changer et va chez Thierry. Elle arrive essoufflée devant l'immeuble. Madame Aubertin, un journal à la main, est devant la porte en train de parler avec la concierge d'en face, madame Fitoussi.

Mme Aubertin …C'est écrit là, dans le journal. Ecoutez. (*Elle lit:*) "Le surnommé Jojo la Terreur qui fut emprisonné pour avoir assassiné deux membres de la bande des blousons noirs s'évada cette nuit. Le chef des gardiens fit savoir à la police que Jojo la Terreur quitta la prison inaperçu. D'après un des prisonniers, Jojo la Terreur ne revint pas dans sa cellule après le dîner. Il paraît, d'après lui, que Jojo la Terreur eût obtenu un habit de gardien, le prit avec lui au réfectoire, alla aux toilettes, changea d'habit, attendit jusqu'à la fin du dîner et sortit de la prison, comme une fleur! Jojo la Terreur lui parla de son plan plusieurs fois, ajouta-t-il, mais il etait sûr qu'il…(*Colette arrive et l'interrompt.*)

Colette Pardon, Madame Aubertin, vous avez vu monsieur Oudinot dernièrement?

Mme Aubertin Ah! Tiens! Mademoiselle Colette, ou plutôt, Madame Oudinot! Mais que faites-vous là? Et monsieur Thierry? Mais non. Il n'est pas avec vous?

Colette Ah! Quelle histoire! Il n'est pas venu à la mairie. Nous ne sommes pas mariés!

Mme Aubertin Comment ça? Je l'ai vu quand il est descendu attendre son ami. Il avait l'air d'un prince charmant avec son smoking, n'est-ce pas, Madame Fitoussi?

Mme Fitoussi Dame!

Mme Aubertin Nous avons causé un petit peu. Il m'a même donné la clé de l'appartement pour la femme de ménage.

Colette Vous savez s'il est remonté chez lui?

Mme Aubertin Pour ça non. Il a attendu un instant, tenez! devant la cabine téléphonique, puis une grosse voiture noire est arrivée. Je crois même que c'était une voiture américaine. Elle était belle. Dites donc! Son ami doit rouler sur l'or.

Colette Une voiture américaine? Mais Jean-Louis a une R-5 verte. Vous êtes sûre, Madame Aubertin?

Mme Aubertin Ah ça! J'en suis persuadée! Un petit monsieur en est sorti. Il portait un chapeau melon, même. Ils ont parlé un peu et puis ils sont partis.

Mme Fitoussi Moi aussi, j'ai vu la voiture américaine, c'était une Rolls Royce.

Mme Aubertin Allons donc, Madame Fitoussi. Les Rolls Royces sont anglaises. Vous voulez dire une Cadillac.

Mme Fitoussi Ah! Peut-être bien. Vous savez, je ne suis pas curieuse mais comme on n'en voit pas souvent j'ai regardé et j'ai remarqué que la plaque d'immatriculation portait un "06"

Colette 06? Vous êtes sûre, Madame Fitoussi? Ce n'était pas 75?

Mme Fitoussi Absolument. J'ai des rhumatismes mais j'ai de bons yeux!

Colette (*Se parlant*) Ce n'est donc pas une voiture de Paris. 06? Mais ce sont les Alpes Maritimes! Nice! Je dois y aller! Mais tout d'abord, je vais téléphoner à Jean-Louis.

Colette va vers la cabine téléphonique, mais un petit monsieur semble guetter. Il porte un chapeau melon.

Colette Vous téléphonez?

Le petit M. Non! Allez-y! J'attends. J'ai rendez-vous.

Colette (*Entrant dans la cabine téléphonique. Elle se parle.*) Cet homme a l'air louche. C'est bizarre, il porte un chapeau melon en plus. Il me suit des yeux. J'ai une idée!

Elle entrouvre la porte de la cabine afin que le petit monsieur au chapeau melon écoute la conversation. Colette lit les instructions à haute voix.

Colette Décrochez le combiné (*Elle décroche.*), mettez deux pièces de cinquante centimes. Voilà. Composez le numéro, 0-3-3-7-5-8-8. Ça sonne! Appuyez sur le bouton avant de parler. (*Elle appuie.*)...Allô, Jean-Louis! C'est Colette à l'appareil...Eh bien, je suis devant chez Thierry...Non, non! Je téléphone de la cabine...Pas grand'chose, sauf que Madame Aubertin et Madame Fitoussi, deux concierges, l'ont vu partir dans une voiture américaine immatriculée 06. J'imagine que c'est Nice...Vous avez raison. Il ne faut pas avertir la police pour l'instant. Je descends à Nice ce soir même, par le train.

J'espère y retrouver la voiture.

L'homme au chapeau melon semble attentif à la conversation.

Colette Bon, je vous quitte, Je suis pressée car je ne veux pas rater mon train…C'est entendu, je vous retéléphone avant de partir. Au revoir. (*Elle raccroche, sort en vitesse et passe devant le petit monsieur.*) Pardon!

Le petit M. Je vous en prie. (*Et lui aussi s'en va d'un pas précipité.*)

Madame Aubertin et Madame Fitoussi sont toujours devant le pas de la porte. Madame Aubertin tournant les pages du journal.

Mme Aubertin Enfin, voilà Jojo la Terreur en liberté encore une fois. C'est qu'il est malin, celui-là. Tiens! Ce soir à la télé il y a les nouvelles aventures de Claudine.

Mme Fitoussi Ah bon? C'est intéressant.

Mme Aubertin Je pense bien! J'ai vu des séquences la semaine dernière. Ecoutez ce qu'on dit dans le journal. (*Elle lit.*) *"Claudine et les contrebandiers, suspens et double suspens."* Ecoutez. (*Elle lit encore une fois.*) "Le jour où Claudine et sa cousine Marie prirent l'avion à destination de Madrid et qu'elles s'assirent à côté d'un monsieur qui laissa tomber de sa poche une enveloppe que Claudine trouva en descendant de l'avion, elles ne savaient pas que ce fait allait les mener dans une étrange aventure.…une excitante aventure qu'elles entamèrent sans penser au danger. Ce fut à cause de l'enveloppe qui contenait 100.000 francs que Claudine essaya de rattraper le monsieur qui disparut subitement; ce fut à cause de cela que Claudine se trouva avec l'enveloppe dans les mains et décida de prendre l'affaire en main, etc." Venez chez moi regarder l'émission, Madame Fitoussi.

Mme Fitoussi Entendu. Je vous quitte. J'ai le courrier à distribuer. A ce soir. (*Elle part.*)

Questions

1. Qui est Jojo la Terreur?
2. Qu'est-ce qu'il a fait?
3. Dans quelle voiture est-ce que Thierry est parti?
4. Avec qui est-il parti?
5. Que signifie le numéro 06 sur la plaque d'immatriculation?
6. Qu'est-ce qui distingue le petit monsieur que Colette voit près de la cabine téléphonique?
7. Pour retrouver Thierry, où est-ce que Colette va aller?
8. Qui a entendu la conversation de Colette et de Jean-Louis?
9. Quelle émission est-ce que Mme Aubertin et Mme Fìtoussi vont regarder à la télé?
10. Qu'est-ce que Claudine et ses amies ont entamé?

5   A la Gare de Lyon

A la Gare de Lyon, Colette fait la queue au guichet des Grandes Lignes. Devant elle se trouve un monsieur qui discute avec l'employé.

L'Employé   Je suis désolé, Monsieur, mais il n'y a plus du tout de couchette pour Rome. C'est le week-end, vous comprenez.

Le Monsieur   Alors, donnez-moi une place en première quand même.

L'Employé   Voilà, trois cent vingt francs.

Le Monsieur   Merci.

L'Employé   A vous, Mademoiselle.

Colette   Le prochain train pour Nice, il est à quelle heure, s'il vous plaît?

L'Employé   A vingt heures trente avec arrêt à Lyon, Avignon et Marseille et vous arrivez à Nice le lendemain matin à dix heures.

Colette   Il n'y a pas de train direct?

L'Employé   Attendez! (*Il feuillette son carnet d'horaires.*) Si, départ Paris vingt-deux heures, arrivée Nice six heures.

Colette   C'est parfait.

L'Employé   Une petite minute que je vérifie s'il y a toujours des places. Vous voulez une couchette, j'imagine, puisque vous voyagez de nuit?

Colette   Oui, en seconde.

L'Employé   Un aller et retour?

Colette   Non! Un aller seulement.

L'Employé   Vous avez de la chance. Il y a encore quelques places qui restent. Ça fait quatre cent vingt francs. Voilà votre billet, Mademoiselle. Voie dix-huit, train numéro six cent quarante-neuf, voiture trente-deux, place six C.

Colette   Merci bien, Monsieur. Voilà un billet de cinq cents francs!

L'Employé   Quatre cent vingt sur cinq cents. Voilà votre monnaie, Mademoiselle, quatre-vingts francs.

Colette   Merci, au revoir, Monsieur!

Maintenant Colette va vers une cabine téléphonique. Elle compose le numéro de Jean-Louis.

Colette   Allô, Jean-Louis? C'est Colette à l'appareil. Ça y est, j'ai mon billet Paris-Nice. Je pars ce soir dans le train de vingt-deux heures zéro trois…Bien sûr! J'ai une couchette en seconde…Comment? Vous allez venir à la gare? C'est gentil! Mais ne vous dérangez pas! Et puis il pleut…Bon. Puisque vous insistez. J'ai une couchette dans le compartiment six de la voiture cinquante-deux. Non! Trente-deux, voie…, attendez! J'ai oublié. Je regarde, oui. Voie dix-huit, c'est ça…Non, j'espère être de retour à la fin de la semaine, au plus tard dimanche. Bon, je vous vois à la gare vers les dix heures moins le quart. Je dois faire ma valise. Remarquez! Je n'ai pas besoin de grand-chose, il paraît qu'il fait très beau en ce moment à Nice, même assez chaud. Cela va me changer de Paris où il fait souvent mauvais. A tout à l'heure.

Plus tard sur le quai de la voie dix-huit Colette longe le train.

Colette   Voiture trente et un et voilà voiture trente-deux. Tiens! Jean-Louis n'est pas encore arrivé.

Colette monte dans le train et arrive devant le compartiment six. Elle ouvre la porte. Un jeune homme se tient debout devant la porte.

Colette   Oh! pardon, Monsieur!

Le jeune homme   Je vous en prie, Mademoiselle. Mais permettez que je mette votre valise dans le filet.

Colette   Vous êtes bien aimable. Voilà. Merci. Oh là là! Il fait lourd ce soir avec toute cette pluie.

Le jeune homme   Mais nous allons vers le soleil, la chaleur, la mer, le paradis, quoi. Deux semaines à Paris, ça suffit pour moi, surtout au début du printemps. Il y fait toujours froid sans parler de la pluie.

Colette   Vous devez être du Midi.

Le jeune homme   Oui, je suis de Nice. Je suis monté à Paris pour les vacances de Pâques, une quinzaine de jours. J'y viens tous les ans, au moins une fois par an. L'année dernière je suis venu en décembre à Noël. Mais les journées sont courtes et les nuits longues en hiver. Alors. J'ai fait "Paris by night".

Colette   Ah, ah, ah, ah! (*Elle rit.*)

Jean-Louis arrive.

Jean-Louis   Colette! Vous voilà enfin. Alors, vous avez votre place?

Colette   Oui, oui, ici "c".

Le jeune homme   Je suis en face de vous, j'ai "d". J'ai la couchette supérieure et vous?

Colette   Inférieure.

Jean-Louis   Venez sur le quai. C'est plus aéré et plus tranquille.

Colette et Jean-Louis descendent sur le quai.

Jean-Louis   Vous connaissez bien Nice?

Colette   Un peu, pas trop. J'y suis allée avec ma soeur passer quatre jours il y a deux ans.

Jean-Louis   Faites bien attention!

Colette   Je vous téléphone demain matin aussitôt arrivée.

Jean-Louis   C'est ça et faites-moi savoir votre adresse. Je suis très inquiet, vous savez.

Colette   Ne vous en faites pas. Je vais chercher un hôtel dans le Vieux Nice.

Jean-Louis   Téléphonez-moi tous les jours, de préférence le soir, à l'heure du dîner. Je vois que vous avez déjà fait une touche dans votre compartiment. Il a l'air sympa, hein? (*Un employé de gare passe devant eux.*)

L'Employé   En voiture! En voiture! Attention au départ!
Colette   Je remonte. Au revoir, Jean-Louis!
Jean-Louis   Au revoir!
L'Employé   En voiture! En voiture! (*un coup de sifflet et le train s'ébranle.*)

Questions

1. Est-ce que Colette prend le train de vingt heures trente pour Nice?
2. A quelle heure arrivera-t-elle à Nice?
3. Quelle sorte de billet Colette prend-elle?
4. Combien coûte-t-il?
5. Combien d'argent Colette donne-t-elle à l'employé de gare?
6. Est-il probable que Colette dormira pendant le voyage? Comment le sait-on?
7. Selon Colette, quel temps fait-il à Nice quel temps fait-il souvent à Paris?
8. Quel temps fait-il quand Colette arrive à la gare?
9. D'où est le jeune homme que Colette rencontre dans le train?
10. Combien de fois par an vient-il à Paris?
11. Colette est-elle déjà allée une fois à Nice?
12. Où a-t-elle l'intention de rester à Nice?

6 En route vers le soleil!

Colette entre dans le compartiment et s'asseoit. En face d'elle, le jeune homme qui lui a parlé lit un journal anglais. Deux autres personnes sont dans le même compartiment, la mère et la fille qui descendent leurs couchettes. Un contrôleur ouvre la porte et dit.

Le Contrôleur Mesdames, messieurs, le wagon-restaurant est maintenant ouvert et à votre disposition.

Le jeune homme Eh bien, moi, j'y vais! Je n'ai pas mangé de la journée et j'ai une faim de loup. (*S'adressant à Colette.*) Vous m'accompagnez?

Colette Pourquoi pas? Je n'ai pas eu le temps de dîner, moi non plus. J'ai avalé un chausson aux pommes en attendant le bus pour aller à la gare. Je vous suis…

Dans le wagon-restaurant. Ils arrivent tous les deux.

Le jeune homme Voilà une table de libre. Prenons-la! (*Ils s'asseoient.*)

Colette Ouf! Cela fait du bien de se relaxer. Quelle journée j'ai passée!

Le jeune homme Vous savez, ça c'est Paris. On est sur les nerfs à chaque instant. C'est une vie de dingues!

Colette C'est vrai, mais je n'ai jamais pu vivre ailleurs. Etant petite, j'habitais la province et cela ne me faisait ni chaud ni froid mais maintenant c'est autre chose. J'ai besoin de Paris.

Le jeune homme Ah! Vous, les Parisiens! Mais dites donc, nous ne nous sommes pas présentés. Je suis Alain Coste. Vous pouvez m'appeler Alain.

Colette Colette Boussard. (*Le garçon de table arrive.*)

Garçon de table Mademoiselle, Monsieur. Voilà le menu. Vous désirez un apéritif?

Colette Non, merci, mais j'ai très soif. Apportez-moi un perrier!

Alain Un porto pour moi.

Garçon de table Tout de suite.

Alain C'était votre fiancé, le monsieur qui vous a accompagnée à la gare?

Colette Oh! pas du tout. Un ami seulement. Au fait, je vous ai vu lire un journal anglais. Vous n'êtes pas anglais pourtant avec un nom comme Alain Coste?

Alain Vous avez raison. Je suis bel et bien français mais j'enseigne l'anglais au lycée de Nice.

Colette Ah! Comme c'est drôle! Je vous avais pris pour un représentant de commerce!

Alain Loin de là. J'enseigne l'anglais depuis ma sortie de l'université. Dès tout petit j'ai toujours voulu enseigner l'anglais. Quand je

revenais de l'école je parlais anglais à mes parents et ils me croyaient
fou. Bien sûr ils ne comprenaient rien. C'était marrant. Et vous?
Qu'est-ce que vous faites?

Colette   Je suis photographe pour une revue géographique.

Alain   Alors, vous allez prendre des vues de la côte?

Colette   Pas exactement. Je vais à Nice pour affaires personnelles.

Alain   C'est votre premier voyage? Je peux vous montrer la ville et
l'arrière-pays si vous voulez. Je suis un guide exceptionnel en français
comme en anglais.

Colette   Oh! Pas si vite! Je suis déjà allée à Nice avec ma sœur il y a
deux ans. Nous faisions du camping.

Alain   Vous aimez le camping? Moi, je faisais souvent du camping avec
des copains. Nous passions des mois entiers sous une tente. Une nuit
nous avons été attaqués par un ours brun dans les Alpes et je n'ai
jamais plus fait de camping. (*Le garçon de table arrive.*)

Garçon de table   Vous avez choisi?

Colette   Oui, apportez-moi une salade de tomates comme entrée, puis
un steak pommes frites et une salade verte.

Garçon de table   Du fromage?

Colette   Non, pas de fromage. Seulement un yaourt aux framboises.

Garçon de table   Et vous, Monsieur?

Alain   Comme entrée, du pâté de campagne. Puis une escalope de veau

24

à la crème, une salade verte, du camembert et comme dessert, une tarte aux fraises. Et apportez-nous un bordeaux rouge.

Colette Pas pour moi. Je ne bois pas en mangeant.

Garçon de table Merci.

Alain Bon, c'est fait. Où en étions-nous? Ah oui. Le camping. Alors, vous connaissez peu Nice? Vous allez y rester combien de jours?

Colette A peine une semaine, j'espère. Vous connaissez un petit hôtel bon marché dans le Vieux Nice?

Alain Vous avez entièrement raison de choisir le Vieux Nice. Il est très pittoresque avec son port et ses petites ruelles, ses marchés...J'y suis né et malheureusement mes parents ont déménagé dans la nouvelle partie de la ville quand j'avais dix ans. J'habite toujours avec eux, étant célibataire, mais j'adore flâner sur les lieux de ma naissance. Tenez! En vous parlant de tout ça j'ai hâte d'y être. Voyons! Un hôtel pas cher? Eh bien, descendez à l'Hôtel du Port. Il est très propre et raisonnable. Quand ma tante de Perpignan nous rendait visite, elle y descendait toujours. La pauvre, elle est morte l'année dernière. Elle a eu une crise cardiaque.

Colette Je me fie à vous. Va, pour l'Hôtel du Port! Vous descendez à l'hôtel quand vous allez à Paris?

Alain Non! J'ai des amis qui me logent gratuitement. C'est un couple que j'ai connu en Angleterre. Enfin! Voilà notre dîner!

Garçon de table Bon appétit, Mademoiselle, Monsieur!

Colette Merci.

Alain Vous avez oublié le pain.

Garçon de table Je m'excuse. Je l'apporte tout de suite.

Alain Si vous voulez, je peux vous accompagner à l'Hôtel du Port. J'ai laissé ma voiture à la gare.

Colette Vous êtes trop aimable. Cela ne vous gêne pas?

Alain Pas le moins du monde. L'hôtel est à deux pas de la gare.

Colette Je vous remercie. J'accepte avec plaisir.

Alain Parlant de voitures, conduire à Paris, c'est l'enfer pour moi et c'est pour ça que je prends le train.

Colette C'est parce que vous n'êtes pas habitué. C'est effrayant au premier abord mais avec un peu d'entraînement. c'est plutôt amusant si on n'est pas pressé.

Alain Ah! Voilà, si on n'est pas pressé! Mais on est toujours pressé à Paris! etc... (*La conversation continue avec le dîner.*)

Questions

1. Colette a-t-elle déjà dîné?
2. Colette a-t-elle toujours vécu à Paris?
3. Comment se fait-il qu'Alain connaisse l'anglais?
4. Quand Alain était plus jeune, qu'est-ce que ses parents pensaient de lui?
5. Comment sait-on qu'Alain connaît bien Nice et ses environs?
6. Pourquoi Alain ne fait-il plus de camping?
7. Qu'est-ce que Colette prend comme entrée et comme dessert?
8. Qu'est-ce qu'Alain prend comme plat principal et comme fromage?
9. Où est né Alain?
10. Qu'est-ce qu'Alain n'aime pas faire à Paris, surtout quand il est pressé?

7   Quelle coïncidence!

Colette arrive à la réception de l'Hôtel du Port. Le patron de l'hôtel est au bureau.

Le patron   Mademoiselle désire une chambre?

Colette   Oui, avec salle de bains, si possible.

Le patron   Je suis désolé, mais nous n'avons plus de chambre avec salle de bains privée. Mais je peux vous offrir une chambre avec lavabo et bidet. Les toilettes et la salle de bains sont sur le même palier. Cela vous va?

Colette   D'accord, je la prends.

Le patron   Quelle chambre préférez-vous? Une qui donne sur la rue ou alors une qui donne sur la cour?

Colette   Sur la rue. J'aime l'animation.

Le patron   Très bien. Et pour le petit déjeuner? On vous le monte ou vous désirez le prendre dans la salle à manger?

Colette   Dans la salle à manger?

Le patron   Nous le servons de huit à dix. Je vous prie de signer le registre et montrez-moi votre carte d'identité!

Colette   *(Elle sort sa carte d'identité de son sac.)* Voilà.

Le patron   Ah! Vous êtes parisienne. Vous restez longtemps à Nice?

Colette   Je n'ai encore aucune idée; deux ou trois jours peut-être.

Le patron   Voilà votre carte et la clé de votre chambre, numéro vingt-trois au deuxième étage.

Colette   Merci, Monsieur. *(Elle commence à partir.)*

Le patron   Mademoiselle! Vous oubliez votre petite valise!

Colette   Ah! Comme je suis bête! *(Elle prend sa valise et va vers l'ascenseur.)*

Le patron   Mademoiselle! Vous oubliez vos lunettes de soleil!

Colette   Vraiment! Je suis étourdie aujourd'hui.

Le patron   Vous devez être soucieuse.

Colette   Non. Juste un peu fatiguée, c'est tout. Le voyage, vous savez. Merci.

Colette arrive à la chambre 23. Elle ouvre la porte.

Colette   C'est une belle chambre! *(Elle ouvre la fenêtre. On entend les bruits de la rue.)* Oh là là! Quelle circulation! C'est pire qu'à Paris. *(Elle referme la fenêtre. Elle décroche le téléphone.)* Monsieur, s'il vous plaît, je veux téléphoner à Paris. Le 033-75-88. Oui, j'attends… Allô, Jean-Louis. C'est moi, Colette…Oui, très bon voyage. Je suis descendue dans un petit hôtel du Vieux Nice, l'Hôtel du Port, rue Mistral. Je vous donne le numéro de téléphone: 68-17-27. J'ai une belle chambre spacieuse, chambre 23. Avez-vous des nouvelles de

Thierry?…C'est quand même mystérieux tout ça. Ecoutez! Dans le train j'ai rencontré un jeune homme charmant, celui qui était dans mon compartiment. C'est d'ailleurs lui qui m'a indiqué l'hôtel. Aujourd'hui je vais explorer la ville et beaucoup marcher à la recherhe de la voiture américaine. Tout en étant discrète, je vais me renseigner. Je sais que c'est une grande ville mais qui ne risque rien n'a rien. Et puis si je ne réussis pas, je contacterai la police dans un ou deux jours. J'ai l'esprit aventureux, vous savez. Je vous téléphone ce soir à l'heure du dîner. Vous connaissez un bon petit restaurant dans le coin?…La rue Lamartine? Bon, je vous quitte. A ce soir au téléphone. *(Elle raccroche.)* Maintenant je vais prendre un bain. La salle de bains est sur le palier, a dit le propriétaire. *(Elle ouvre sa valise et sort quelques vêtements.)* Mon peignoir bleu, ma serviette, mon savon, voilà. *(Elle sort de sa chambre et croise un homme sur le palier.)* Pardon, Monsieur, Ah!

L'homme   Pardon Mademoiselle! *(Il rentre dans la chambre d'à côté.)*

Colette   *(seule dans le couloir)* Ah! Ça alors, mais c'est incroyable! Le même monsieur de la cabine téléphonique. Je ne rêve pas. Qu'est-ce qu'il fait ici justement dans ce même hôtel. Ce n'est pourtant pas une coïncidence. C'est bien le même monsieur avec son chapeau melon. Dans la chambre voisine. J'en suis sûre maintenant, je suis sur la bonne piste. Calme-toi, Colette. Reprends tes esprits. Bon, je vais prendre mon bain. Non. Je vais téléphoner à Jean-Louis. *(Elle retourne dans sa chambre.)* C'est vrai, il est déjà dix heures et Jean-

Louis n'est pas chez lui. Je ne peux donc pas lui téléphoner avant ce soir. Bon. Je vais prendre mon bain. On va me croire complètement folle. *(A ce moment quelqu'un frappe à la porte.)* Oui! Qui est là?

Une voix: Le garçon d'hôtel. J'ai un mot pour vous. Vous êtes bien mademoiselle Boussard?

Colette Oui, entrez!

Le garçon d'hôtel entre avec lettre en main.

Garçon d'hôtel Voilà, Mademoiselle!

Colette Merci, voilà. *(Elle sort de son sac son porte-monnaie et lui donne quelques pièces.)*

Garçon d'hôtel Merci. *(Il part et ferme la porte.)*

Colette Une lettre! Déjà! De qui est-ce que cela peut bien être? *(Elle ouvre la lettre en vitesse et lit.)* Tiens, tiens, d'Alain! Quelle écriture affreuse! Je peux à peine lire. *(Elle lit:)* "Chère Colette, j'espère que l'hôtel vous plaît et surtout que vous n'êtes pas trop fatiguée après ce voyage épuisant. Vous n'avez pas dormi et j'ai trop parlé, je le sais. Je suis bavard, c'est mon grand défaut. Excusez-moi et acceptez de dîner ce soir avec moi. Je vous invite. Je vous donne rendez-vous à vingt heures "Chez Marius", le restaurant qui est dans la même rue que votre hôtel. A ce soir. Votre ami dévoué, Alain."

Questions

1. Qu'est-ce que la chambre de Colette n'a pas?
2. Qu'est-ce qui est compris dans le prix de la chambre?
3. Qu'est-ce que Colette montre au patron de l'hôtel?
4. Pourquoi Colette dit-elle qu'elle est bête?
5. Comment Colette trouve-t-elle sa chambre?
6. Qu'est-ce que Colette va faire d'abord à Nice?
7. En allant à la salle de bains qui est-ce que Colette recontre?
8. De quoi Colette est-elle sûre?
9. Pourquoi Alain pense-t-il que Colette est fatiguée?
10. Pourquoi Alain a-t-il écrit à Colette?

8   Quelle journée!

*"Chez Marius": le restaurant est presque plein. Il est 20h20. Alain attend
à une table jetant de temps en temps un coup d'oeil sur sa montre. Colette
arrive essoufflée. Mais au lieu d'aller directement à sa table, elle court au
bar du restaurant.*

Colette   Je veux téléphoner à Paris, s'il vous plaît.

Le barman   Descendez au sous-sol dans la cabine, je vous donne la
ligne de suite.

Colette   Merci…(*Dans la cabine, elle demande à la standardiste le numéro
de Jean-Louis.*) Le 033-75-88 à Paris, s'il vous plaît. Bon. (*Elle met des
pièces dans le téléphone.*) cinq francs, vingt centimes, dix centimes.
(*Elle attend.*)…(*très perturbée, essoufflée*) Allô, Jean-Louis? Colette à
l'appareil.

Jean-Louis   Allô, oui, Colette, ça va?

Colette   Une minute, je reprends mon souffle. Quelle journée, quelle
journée! Il me suit partout!

Jean-Louis   Qui vous suit?

Colette   Eh bien! Le type au chapeau melon!

Jean-Louis   Quel type au chapeau melon?

Colette   Mais voyons! Ne faites pas l'idiot! Le monsieur de la cabine
téléphonique et de l'hôtel!

Jean-Louis   Quelle cabine téléphonique? Quel hôtel?

Colette   Ah! C'est vrai. Je ne vous ai rien dit de lui. Eh bien, à Paris
quand je vous ai téléphoné de chez Thierry, il était là, écoutant tout.
En fait, c'est moi qui ai laissé la porte ouverte exprès. Il me semblait
louche. Vous voyez. Ma ruse a marché puisque je l'ai revu à l'hôtel.
Pensez donc. Il a sa chambre à côté de ma chambre, ce malin. Il a dû
me suivre de Paris. Puis cet après-midi je flânais dans Nice quand j'ai
remarqué qu'il me suivait. Ce doit être un membre de la bande qui a
enlevé Thierry. Je parie qu'il veut me tuer. J'ai peur maintenant. Il
faut avertir la police.

Jean-Louis   Non! Pas encore, c'est trop tôt.

Colette   Vous avez peut-être raison mais je pense à ma vie, moi.

Jean-Louis   D'où téléphonez-vous?

Colette   De "Chez Marius". Vous connaissez? C'est un restaurant tout
près de mon hôtel dans la même rue. Justement, c'est Alain, le type
du train, qui m'a invitée à dîner. Au fait. Il est peut-être complice de
ce petit monsieur au chapeau melon?

Jean-Louis   Mais non! Vous voyez des suspects partout!

Colette   Alors, qu'est-ce que je dois faire?

Jean-Louis   Vous avez besoin de protection et personnellement je crois qu'Alain ne veut que flirter avec vous. Les Méridionaux sont comme ça. Je vous conseille de vous confier à lui et il vous protégera. Vous ne pouvez pas continuer seule.

Colette C'est sûr. Vous avez certainement raison. Je vous téléphone demain comme convenu. Au revoir!

Colette raccroche et monte dans la salle du restaurant. Elle arrive à la table d'Alain et s'asseoit.

Colette Je m'excuse. Je suis en retard.

Alain Mais où étiez-vous? Je vous ai vu aller comme une flèche au sous-sol?

Colette Euh! Oui…Je…je suis allée aux toilettes. Non! C'est faux! A vrai dire, je suis allée téléphoner à un ami à Paris. Tout ça c'est compliqué. C'est une longue histoire et je suis dans le pétrin.

Alain Ah oui? Eh bien, racontez! A vous de parler cette fois.

Colette Je peux avoir confiance?

Alain Bouche cousue!

Colette Voilà: Je suis à Nice parce que je suis à la recherche de mon fiancé qui a été enlevé par des criminels.

Alain Des criminels? Vous êtes de la police alors?

Colette Non, pas du tout! Hier matin, je devais me marier et mon fiancé a disparu, c'est-à-dire qu'on l'a kidnappé juste avant le mariage.

Alain Etes-vous sûre qu'on l'a enlevé?

Colette Oui, nous avons nos preuves. Une belle voiture noire américaine l'a enlevé, et…

Colette explique en détail l'affaire à Alain…Quelques minutes plus tard:

Alain Eh bien! Quelle histoire! Mais vous êtes en danger, ma mignonne. Alors, il vous a suivie jusqu'ici?

Colette Chut! Ne parlez pas si haut! Regardez! Il est toujours là, assis près de la porte d'entrée. Brrrr, il a l'air sournois!

Alain Ce petit bonhomme? C'est une puce! Ne vous en faites pas! Je suis là! Vous êtes en bonnes mains. Je vous jure de vous protéger. Donc, pour commencer, ne faites rien, n'allez nulle part sans me prévenir! D'accord?

Colette D'accord.

Alain Je vais vous téléphoner toutes les deux heures de la journée et de la nuit. Il vous faut une sécurité jour et nuit. Ces gens-là, ça frappe la nuit!

Colette Ho! Vous me faites peur! (*Colette est terrifiée.*)

Alain Je blague. Voilà le garçon.

Le Garçon Vous avez choisi?

Alain Oui, le menu numéro deux, s'il vous plaît, et une bouteille de beaujolais. Ah! J'oubliais, un perrier pour mademoiselle, mais avant le repas. (*Une voix venant du bar:*)

La voix Monsieur Alain Coste.

Alain Oui, c'èst moi.

La voix On vous demande au téléphone.

Alain Excusez-moi, Colette.

Colette Je vous en prie.

Alain va au téléphone. Quelques minutes plus tard il revient un peu excité.

Alain Ah! Vraiment, je suis navré mais je dois partir de suite. Euh! Ma mère a eu un malaise et mon père est dans tous ses états.

Colette Rien de grave, j'espère.

Alain Non mais, vous savez, les vieux, ils sont très anxieux. Ecoutez! Ne vous en faites pas! Dînez tranquillement et je vous téléphone dans trois heures à votre hôtel, d'accord? Encore une fois, excusez-moi.

Colette D'accord, je comprends. (*Alain part en vitesse.*)

Questions

1. Pourquoi Jean-Louis ne comprend-il pas d'abord ce que Colette lui raconte?
2. En ce qui concerne la présence du petit monsieur à Nice, à quelle conclusion Colette arrive-t-elle?
3. Comme Colette a peur, que désire-t-elle faire?
4. En suivant les conseils de Jean-Louis, qu'est-ce que Colette va faire?
5. Qui est-ce qui a l'air sournois?
6. Comment est-ce qu'Alain rassure Colette?
7. Comment est-ce qu'Alain va savoir si tout va bien chez Colette?
8. Qu'est-ce que Colette boit?
9. Quel parent de Jean-Louis a été malade?

9   Gare au grand méchant loup!

Toujours au restaurant: seule à la table, Colette termine son dîner. Le garçon de table lui apporte une tasse de café.

Le garçon   Voilà votre café, Mademoiselle.

Colette   Merci. Dites-moi, vous voyez le monsieur qui est assis près de la porte?

Le garçon   Attendez. Je mets mes lunettes. Je suis un peu myope. Oui. Le petit monsieur qui mange une bouillabaisse avec son chapeau melon sur la tête? Oui, oui, je le vois. Vous le connaissez?

Colette   Non. Mais il me dévisage depuis que je suis arrivée. C'est bizarre et vraiment gênant.

Le garçon   C'est parce que vous êtes une jolie petite demoiselle, voilà tout. A sa place j'en ferais autant. Vous avez perdu votre compagnon. Alors, dame! Qui va à la chasse perd sa place. Vous n'êtes pas du Midi. Ça se voit. Vous êtes en vacances, je parie.

Colette   Pas tout à fait.

Le garçon   Alors, si nous allions au cinéma plus tard? Je termine à dix heures. Je voulais justement voir "La cage aux folles II". Il paraît que c'est très amusant. Vous l'avez déjà vu?

Colette   Non, pas encore mais j'ai vu le premier. Je me suis bien amusée.

Le garçon   Moi aussi, je l'ai vu et c'était super. Alors, on y va?

Colette   Je ne peux vraiment pas. Je suis fiancée. Je dois me marier prochainement.

Le garçon   Raison de plus pour s'amuser. Profitez de vos derniers jours de liberté. Si vous préférez, on peut aller au concert. Moi, je suis un passionné de musique.

Colette   Moi aussi. Vous jouez d'un instrument?

Le garçon   Oui, je joue de la trompette. Je fais partie d'un petit groupe d'amateurs qui se réunit une fois par semaine mais hier j'ai manqué d'y aller à cause de mon travail. J'ai dû faire des heures supplémentaires. Et vous? Vous jouez de quelque chose?

Colette   Non, je manque de patience mais je fais pas mal de sport. Je joue au tennis et je fais du footing.

Le garçon   Ah! Ça, c'est le sport à la mode. Tout le monde fait du footing. Vous voulez un autre café?

Colette   Non, merci, mais apportez-moi l'addition.

Le garçon   La voici. Je rajoute le café, cinq francs. Ça fait soixante-cinq francs en tout, service compris. Alors, on va au cinéma?

Colette   Je suis un peu fatiguée et puis, je dois rentrer dans ma chambre d'hôtel. Un ami doit me téléphoner dans une demi-heure et je ne veux pas manquer son coup de fil.

Le garçon   C'est dommage. Demain soir, alors?

Colette   (*Elle devient impatiente*) Vous commencez à être un peu trop collant. Voilà votre argent.

Le garçon   Soixante-dix et trente font cent. Voilà.

Colette   Merci et au revoir.

Colette se lève et quitte le restaurant suivi du petit monsieur. A l'hôtel: Colette arrive en courant, l'air terrorisée.

Colette   (*S'adressant au patron de l'hôtel à la réception.*) Ma clé, s'il vous plaît.

Le patron   Je vous la donne, Mademoiselle. Qu'est-ce qui se passe? Vous avez l'air effarée.

Colette   Vite! Vite! Je n'ai pas le temps!

Le patron   Voilà, voilà, Mademoiselle. Chambre 23. Je me dépêche.

Colette s'empare de la clé et se dirige vers l'ascenseur. Elle ouvre la porte, y entre et, au moment de refermer la porte, le petit monsieur au chapeau melon arrive et...

Le petit M.   Vous permettez, je monte aussi.

Dans l'ascenseur: Colette, dans un coin, pétrifiée. Le petit monsieur, près des boutons de contrôle, une main dans la poche.

Le petit M.   Au 2ème, n'est-ce pas?

Colette   Oui, je…Non…Oui…Euh…

Le petit M.   Vous vous sentez mal?

Colette   C'est que…Pourquoi est-ce que vous me suivez?

Le petit M.   Je ne vous suis pas. Je vous surveille. *(Il appuie sur le 4ème.)*

Colette   Vous avez appuyé sur le 4ème. Nous allons au 2ème.

Le petit M.   Je me suis trompé. Que c'est bête! Comme ça, on peut s'expliquer. Comment s'appelle l'homme qui était avec vous au restaurant ce soir?

Colette   *(terrifiée)* Je ne sais pas. Je ne sais rien. *(Le petit Monsieur lui prend le bras.).* Laissez-moi! Au secours! Où se trouve mon fiancé?

Le petit M.   Votre fiancé? On s'occupe de lui! Ecoutez! Je vous conseille de me suivre dans ma chambre. J'ai un petit joujou dans ma poche. *(Il lui montre son pistolet.)* Alors, inutile de vous sauver ou je me fâche!

L'ascenseur arrive au 4ème étage, s'arrête, la porte s'ouvre, une grosse dame s'apprête à rentrer.

Le petit M.   Madame, vous ne pouvez pas rentrer. Vous voyez l'inscription: 2 passagers au maximum.

La dame   Je suis vraiment très pressée, je vais manquer mon rendez-vous. Et puis, deux ou trois personnes, qu'est-ce que ça peut faire?

Le petit M.   Ça peut faire! Ça peut faire! *(Il s'impatiente.)* Qu'avec vous ça fait quatre! Prenez l'escalier!

Colette   Non, non! Ce n'est pas la peine! Je prends les escaliers. Allez-y, Madame!

La dame   C'est très aimable à vous, Mademoiselle. Je vous remercie. *(Se tournant vers le petit monsieur.)* Quel mufle! Je me demande où est passée la galanterie masculine!

Colette s'empresse de sortir. La dame rentre. Colette se dépêche, descend les escaliers, arrive à sa chambre, entre et s'enferme à double tour.

Colette   Ouf! Je l'ai échappé belle!

Questions

1. Depuis quand est-ce que le petit monsieur dévisage Colette?
2. Quel compagnon est-ce que Colette a perdu au restaurant?
3. De quel instrument est-ce que Colette joue?
4. Avec qui est-ce que le garçon fait de la musique?
5. Pourquoi est-ce que Colette doit rentrer à l'hôtel?
6. Comment est-ce que Colette trouve le garçon?
7. Comment Colette se sent-elle dans l'ascenseur avec le petit monsieur?
8. Que veut savoir le petit monsieur?
9. Comment Colette s'échappe-t-elle?

10 Une partie de cache-cache

Colette fait les cent pas dans sa chambre d'hôtel.

Colette J'avais raison. C'est bien lui qui a enlevé Thierry. Mais pourquoi? Que faire? Je vais prévenir la police. Non! Je vais appeler Alain. D'ailleurs, que fait-il? Il doit me téléphoner. Où se trouve son numéro de téléphone? Qu'est-ce que j'en ai fait? (*Elle fouille dans son sac.*) Ah! Le voilà. (*Elle décroche le téléphone.*) Donnez-moi 32-64, s'il vous plaît. (*A ce moment on frappe à la porte.*) Une minute. (*Elle s'écrie.*) Qui est là?

Alain C'est moi, Alain.

Colette Ouf! Quelle chance! J'arrive! (*au téléphone*) Ce n'est pas la peine. Je vous remercie. (*Elle raccroche.*) Alain! Que je suis contente! (*Elle se dirige vers la porte et l'ouvre. Alain et Jean-Louis sont là.*) Jean-Louis? Vous aussi ici? Mais vous étiez à Paris il y a trois heures.

Jean-Louis J'ai pris l'avion. Je m'inquiétais à votre sujet et puis, je suis suivi par une voiture noire.

Colette Mais vous connaissez Alain?

Jean-Louis Euh…non pas du tout. Nous nous sommes rencontrés devant votre porte.

Alain Moi, j'ai décidé de passer voir comment vous alliez.

Colette Je n'y comprends plus rien! Vous arrivez chez moi tous les deux avec votre valise.

Jean-Louis Une voiture me suivait partout où j'allais à Paris. Alors, j'ai décidé de venir à Nice. J'ai fait ma valise en vitesse et j'ai pris le premier avion. Il partait cinq minutes après mon arrivée à l'aéroport.

Alain Moi aussi, j'ai fait ma valise parce que je pensais prendre une chambre dans cet hôtel près de vous afin de vous protéger.

Jean-Louis Aussitôt arrivé à l'aéroport de Nice, j'ai pris un taxi et encore une fois une voiture noire me suivait. Heureusement, le chauffeur de taxi l'a semée dans quelque rue obscure.

Colette De toute façon, ils vont nous retrouver ici car je vous ai parlé du petit monsieur au chapeau melon qui a une chambre à côté.

Jean-Louis Oui! Et alors?

Colette Eh bien, il m'a coincée dans l'ascenseur il y a une heure de ça. Il avait un revolver braqué sur moi mais je me suis échappée.

Alain Nous sommes tombés dans un piège.

Colette Nous devons prévenir la police tout de suite. Il n'y a pas une minute à perdre. (*Elle court au téléphone.*)

Jean-Louis Non. Pas encore. N'en faites rien. Ils pourraient tuer Thierry s'ils se rendent compte que la police est avertie. Ne restons pas ici. Allons-nous-en. Retournons à Paris tant qu'il est temps. Sauvons-nous à l'insu du petit monsieur d'à côté. Alain a sa voiture en bas. Une fois sortis de la ville, nous pouvons avertir les flics.

Colette Et Thierry, alors. Non. Je ne veux pas partir. Je veux le retrouver. J'en ai assez de toute cette histoire. Je veux l'éclaircir le plus tôt possible. La police va venir ici et nous les prendrons tous.

Jean-Louis Ne faites pas l'idiote, Colette! Je vous dis qu'il faut partir le plus vite possible. Nous n'avons pas de temps à perdre. Allez, faites votre valise! Suffit les explications et obéissez-moi! C'est pour votre bien. (*Il lui prend le bras et la retient.*)

Colette Jean-Louis, vous êtes fou, ma parole! Qu'est-ce qui vous prend?

Jean-Louis Alain, ramassez toutes ses affaires et mettez-les dans sa valise.

Colette Mais non, voyons! Ecoutez-moi! J'ai raison. Prévenons la police!

Jean-Louis Taisez-vous ou je me fâche!

Pendant ce temps, Alain s'affaire à jeter les vêtements de Colette pêle-mêle dans sa valise.

Jean-Louis Les bas en-dessous du lit: Vous les oubliez. Et sa brosse à dents, sur le lavabo.

Alain Voilà. Je la ferme. (*Il ferme la valise.*)

Jean-Louis Partons! Alain, vous devant! Colette, derrière! Et moi, je vous suis tous les deux. Et sourtout pas de bêtises, Colette!

Colette Ecoutez-moi! Je vous en prie! Prévenez la police! C'est plus sage.

Jean-Louis Allez, on y va! Doucement! Pas de bruit! Sur la pointe des pieds! Alain! Ouvrez la porte doucement et regardez de tous les côtés! (*Alain ouvre la porte, sort la tête, rentre en vitesse, referme la porte.*) Qu'est-ce qu'il y a?

Alain Il y a du monde dans le couloir. Un couple qui se parle. (*claquement de porte*) Ah, écoutez. Une porte qui claque. Ils ont dû rentrer.

Jean-Louis Bon. Allons-y maintenant. (*Alain ouvre la porte, sort la tête, regarde à droite, à gauche.*)

Alain Ça va. On peut y aller maintenant.

Colette Non! Non! Je ne veux pas!

Jean-Louis Espèce d'idiote! Avancez! Allez, hop! (*Tous trois s'avancent avec précaution.*) Surtout, pas un bruit en passant devant la porte d'à côté!

Alain (*S'adressant à Colette.*) Chut!

A petits pas ils marchent dans le couloir. Ils arrivent devant la porte de la chambre 25. Subitement, la porte s'ouvre, quatre malabars en sortent et se ruent sur Colette.

Colette Lâchez-moi! Lâchez-moi! Jean-Louis, Alain! Sauvez-moi! Au secours! Au se…

Colette est jetée avec force dans la chambre du petit monsieur au chapeau melon, tandis que…

Un des malabars (*Tenant Jean-Louis et s'adressant à un des quatre hommes*) Prends-lui son revolver!

Jean-Louis Aïe! Alain, à moi! Espèce de brute!

Alain (*Se faisant assommer par les deux autres.*) Je fais ce que je peux, aïe!

Un malabar Les bandeaux! Vite, sur la bouche! Ils font trop de bruit.

Maîtrisant Jean-Louis et Alain, les quatre malabars leur mettent les bandeaux sur la bouche.

Un malabar Voilà! C'est fait.

Jean-Louis Hum! Hum! Hum!

Alain Hum! Hum! Hum!

Un malabar Bien exécuté! Descendons-les par la sortie de secours! C'est une chance. Personne ne nous a vus ni entendus! Dépêchons-nous! La voiture est derrière.

A ce moment, la porte de la chambre du petit monsieur s'ouvre brusquement et Colette en sort en courant aussi vite que possible. Un homme la suit, mais ne peut la rattraper.

L'homme Zut! Elle m'échappe!

Questions

1. De quoi Colette est-elle sûre?
2. Pourquoi est-ce que Jean-Louis est venu à Nice?
3. Selon Jean-Louis, pourquoi ne faut-il pas prévenir la police?
4. Que doit-on faire, selon Jean-Louis?
5. Qu'est-ce que Colette pense de l'idée de Jean-Louis?
6. Pourquoi est-ce qu'Alain ouvre et referme tout de suite la porte?
7. Qu'est-ce qui se passe pendant que Colette, Alain et Jean-Louis se promènent dans le couloir?
8. Qu'est-ce que Colette réussit à faire?

11   Monsieur l'Agent n'est pas content.

Au commissariat de police de Nice. Colette arrive essoufflée dans la salle d'attente du commissariat. Trois personnes attendent déjà impatiemment: une femme très maquillée et très sexy, un clochard et une grosse dame en larmes, tandis qu'un homme, qui a visiblement trop bu, s'explique avec l'agent de police de garde; l'homme tient un poulet dans les bras.

Colette arrive en courant essoufflée.

Colette   Monsieur l'agent, s'il vous plaît!

La dame sexy   Attention, petite! Chacun son tour! On était les premiers, nous! Pas de resquillage!

M. l'Agent   Pourquoi moi? Jésus Marie! A chaque fois que je suis de garde, ils arrivent tous pour se plaindre! Mais, c'est pas l'Armée du Salut, ici! Nom d'une pipe! Je n'y arriverai jamais! Bon! Alors, vous! Je crois que vous vous fichez du monde! Qu'est-ce que vous voulez que je fasse avec un poulet? C'est une blague, non! (*Tout le monde ricane.*) Ça suffit! Rira bien qui rira le dernier!

L'homme   Je vous répète, Monsieur l'Agent, que je viens de trouver ce poulet dans la rue. Je l'ai presque écrasé! Ah! Je ne me le serais jamais pardonné. (*s'apitoyant*) Un pauvre petit poulet sans défense! Et puis...

M. l'Agent   Ça suffit, eh! Vous ne m'aurez pas par les sentiments. Bon, alors! Je note: poulet trouvé dans la rue?... (*Il écrit sur un registre.*)

L'homme   Garibaldi.

M. l'Agent   Ga - ri - bal - di. A?...

L'homme   Minuit et quart.

M. l'Agent   Zé - ro - heu - re - quin - ze. Voilà! Votre nom?

L'homme   Jean Constant.

M. l'Agent   (*Il note toujours.*) Domicile?

L'homme   16 rue Chaussard.

M. l'Agent   Profession?

L'homme   Cordonnier.

M. l'Agent   Bon, signez, là! Tout est en règle. Quel métier! Quel métier! (*Il appelle son aide:*) Robert! Mettez ce poulet dans une cellule! Au prochain!

La dame sexy se lève. On entend la grosse dame pleurer.

M. l'Agent   Arrêtez de pleurnicher, Madame! On ne s'entend plus. Qu'est-ce qu'il y a, Irma? On t'a volé ton poudrier, je parie!

Irma   Ah! Monsieur l'Agent, si ce n'était que cela. Vous savez, je me

promène souvent dans la rue le soir et...

M. l'Agent Question de prendre l'air, n'est-ce pas? (*ricanement*)

Irma C'est justement ça! Vous avez deviné juste, Monsieur l'Agent. Gros malin, va!

M. l'Agent Allons, allons! On se promène et puis?

Irma Eh bien! Ça fait déjà une semaine que ça dure. Trois petits gamins, des vauriens, me suivent en me traitant de tous les noms. C'est lamentable, je ne suis plus libre de me promener et puis...

M. l'Agent Bon, bon. On verra ça demain. Il est trop tard ce soir et puis tu vois, j'ai des clients.

Irma Alors, vous viendrez demain?

M. l'Agent D'accord. Va te coucher.

Irma Vous êtes un amour.

M. l'Agent Allez, au prochain.

La grosse dame se lève.

La grosse dame (*En pleurant*) Monsieur l'Agent, Monsieur l'Agent, il est parti! Il m'a quittée!

M. l'Agent Qui? Votre amant? Ben, vous savez, entre nous...

La grosse dame On a enlevé mon Kiki. Qu'adviendra-t-il de lui? (*Elle pleure.*) Il ne pourra pas manger son pâté ce soir. Quel malheur! Je ne sortirai plus! Je ne rirai plus! Je ne dormirai plus! Je ne mangerai plus! Ah!

M. l'Agent Calmez-vous, ma petite dame! Alors! Ce Kiki, il s'appelle Kiki comment?

La grosse dame Comment ça! Kiki comment!

M. l'Agent Ben! Kiki comment? Vous commencez à m'énerver. C'est à devenir fou ici. Il a bien un nom de famille, ce fameux Kiki. Et puis, qui vous dit que Kiki n'est pas parti de son propre gré?

La grosse dame Ah, ça! Jamais! C'est mon bébé, mon bijou, mon amour!

M. l'Agent Alors. C'est votre enfant. Il fallait le dire plus tôt.

La grosse dame Je lui ai justement acheté un collier en or la semaine dernière avec son nom gravé et une laisse en plaqué or. Quel malheur! Quel malheur! Miséricorde!

M. l'Agent Une laisse? Je n'y comprends plus rien. Ils me rendront tous cinglé.

La grosse dame Mais vous ne comprenez pas, Monsieur l'Agent, Kiki c'est mon toutou joli.

M. l'Agent Kiki! Son toutou joli. Son chien. Vous ne voulez pas un poulet à la place? Ma parole! C'est la nuit des cinglés. Ils sont tous tombés sur la tête. Tout d'abord, on m'amène un poulet, maintenant c'est le toutou! Non! Mais vraiment! Vous n'êtes pas bien. Faites une announce dans le journal ou à la radio. Allez! Au prochain!

La grosse dame (*s'en allant*) Hi! Hi! Hi! Hi! Kiki, Kiki! Où es-tu?

Le clochard (*s'adressant à Colette*) Allez-y, Mademoiselle! Moi, j'ai tout mon temps. J'ai hâte d'écouter votre histoire. C'est le vrai cirque ici. Gratuit en plus.

Colette Monsieur l'Agent. Je dois faire une déclaration. Mon fiancé a été enlevé à Paris et moi-même je suis en danger. On a déjà essayé de me kidnapper et de me tuer. J'ai besoin de protection. Je sais où se trouvent les criminels. Dans mon hôtel à côté de ma chambre. Ils ont aussi enlevé deux de mes amis. Ils...

M. l'Agent Pas si vite, pas si vite! Votre nom tout d'abord. Enfin, du boulot. Je commençais à désespérer. Votre nom alors?

Colette Colette Boussard.

M. l'Agent Ah! Colette Boussard. Et vous dites que vous savez où se cachent les criminels?

Colette Oui! A l'Hôtel du Port. Ils m'ont même prise, mais j'ai réussi à m'échapper.

M. l'Agent Attendez une petite minute. Ça, c'est le rayon de l'inspecteur. Attendez que je lui téléphone. (*Il compose le numéro.*) Allô, Inspecteur! Oui, une certaine Mademoiselle Colette Boussard est ici. Histoire de crime, enlèvement, kidnapping, enfin le gros lot!...Entendu, Inspecteur. (*Il raccroche.*) Attendez un moment, l'inspecteur vous recevra dans peu de temps.

Colette Merci.

M. l'Agent Ah! Quel boulot, j'vous jure!

Questions

1. De quoi l'agent de police se plaint-il?
2. Selon le proverbe énoncé par l'agent de police, qui est-ce qui rira le dernier ou bien qui est-ce qui aura le dernier mot à dire ce soir, à son avis?
3. Comment s'appelle le monsieur qui a trouvé un poulet dans la rue?
4. Est-ce qu'on emprisonne le poulet?
5. Comment les trois gamins tourmentent-ils Irma?
6. A votre avis, quel est le métier d'Irma?
7. Qu'est-ce que la dame qui a perdu son Kiki ne fera plus?
8. Pour qui l'agent prend-il ce fameux Kiki?
9. Selon l'agent, comment sont les gens qui se trouvent au commissariat?
10. Quelle déclaration Colette fait-elle?
11. Quand l'inspecteur recevra-t-il Colette dans son bureau?
12. Qu'est-ce qu'il y a de drôle dans cet épisode?

12 La souris est attrapée.

Toujours au commissariat de police. Un quart d'heure plus tard. Colette attend sur un banc de la salle d'attente. Monsieur l'Agent l'interpelle:

M. l'Agent Mademoiselle Boussard! Monsieur l'inspecteur vous attend dans son bureau. Par ici, S'il vous plaît.

Colette Merci. (*Colette entre dans le bureau de l'inspecteur Mairet, un petit homme chauve.*) Mais, euh. Je vous ai déjà vue quelque part.

L'Inspecteur Ça se pourrait. Vous êtes sûre?

Colette Ah! Je ne sais pas, oui! Il me semble…

L'Inspecteur Attendez. Vous me reconnaîtriez mieux comme cela avec mon chapeau, peut-être? (*Il s'empare du chapeau melon suspendu au porte-manteau.*) Voilà!

Colette Vous? L'Inspecteur? Il doit y avoir erreur.

L'Inspecteur Eh oui! Je suis l'inspecteur Mairet pour vous servir.

Colette Je n'y comprends plus rien. Vous auriez dû me prévenir. Vous avez essayé de me tuer dans l'ascenseur.

L'Inspecteur Balivernes! J'ai essayé de vous protéger. Je ne pouvais pas me découvrir plus tôt car je suivais une piste et vous étiez la piste sans le savoir. Grâce à vous, nous avons réussi à capturer nos voleurs.

Colette Thierry?

L'Inspecteur Non, pas Thierry, le pauvre. Lui aussi, nous a bien servis…C'est une longue histoire. Ça fait bien un mois que nous étions à la recherche de deux jeunes hommes, deux Niçois qui ont dévalisé la Banque Centrale de Nice. Après trois semaines nous avions traqué Jean-Louis Bertrand à Paris et avions presque mis la main dessus. Se sentant pris, il nous a donné rendez-vous pour nous remettre l'argent volé contre sa liberté. Mais le malin a envoyé Thierry à sa place, mine de rien, c'est-à-dire qu'il nous a dit qu'il serait en smoking à dix heures du matin devant la cabine téléphonique. Vous savez le reste.

Colette C'est pour ça qu'il a proposé à Thierry d'aller le chercher.

L'Inspecteur Exactement. Ce qui lui donnait le temps de s'exiler en compagnie de son complice Alain Coste avec l'argent volé.

Colette Donc, ils se connaissaient. Mais ils n'avaient pas prévu mon insistance à trouver, moi-même, Thierry.

L'Inspecteur C'est cela. Vous avez fait preuve de beaucoup de courage. Thierry devrait être fier de vous.

Colette Et puis les choses se sont compliquées quand ils se sont rendu compte que j'étais suivie. Ils se doutaient bien que c'était la police.

L'Inspecteur Ils devaient absolument se débarrasser de vous.

Colette Je comprends maintenant! Le coup de téléphone qu'Alain a reçu au restaurant, c'était de Jean-Louis et c'est pour ça qu'il était si pressé de partir.

L'Inspecteur Oui, Jean-Louis avait décidé de descendre tout de suite à Nice et de vous emmener Dieu sait où?

Colette Donc, Alain a été le chercher à l'aéroport et c'est pour cela qu'ils sont arrivés tous deux en même temps à l'hôtel. Et vous étiez à côté!

L'Inspecteur Oui, avec mes hommes. Nous nous relayions et nous guettions chacun de vos mouvements. J'avais fait installer un magnétophone dans votre chambre. Nous savions tout ce que vous disiez.

Colette Quand je pense, que je vous croyais coupable! Mais pourquoi m'avez-vous suivie dans l'ascenseur?

L'Inspecteur Je savais que Jean-Louis allait venir à Nice. Je voulais vous emmener dans ma chambre pour vous protéger. Et c'était vraiment la seule façon. Je savais que vous ne me croiriez pas si je vous avais dit que j'étais de la police et que nous perdrions du temps.

Colette Quelle histoire! Mais où se trouve Thierry?

L'Inspecteur Oh! Ne vous en faites pas, il est sain et sauf. Nous voulions le garder jusqu'à l'éclaircissement de cette affaire afin de prendre les voleurs. Vous étiez notre seul espoir. Vous êtes notre héroïne.

Colette Qu'est-ce que vous allez faire de Jean-Louis et Alain Coste?

L'Inspecteur   Eh bien, ils vont faire de la prison sans aucun doute. Heureusement, nous avons retrouvé l'argent.

Colette   Dans une des valises qu'ils avaient?

L'Inspecteur   Exact! Bon! Vous devez être fatiguée. Demain matin vous repartez pour Paris, vous et Thierry, dans l'Express. Bonne nuit. Je crois que Thierry vous attend.

Colette   Merci, Monsieur l'inspecteur. Bonne nuit.

Le lendemain matin dans le train Nice-Paris. Dans un des compartiments, Colette et Thierry sont assis seuls. Le train n'est toujours pas parti.

Colette   Comment as-tu connu Jean-Louis, au fait?

Thierry   C'était un copain de régiment. Je le voyais rarement. Parlons d'autre chose. Qu'est-ce que tu aimerais faire en arrivant à Paris?

Colette   Me marier le plus vite possible et puis, cette fois, nous irons à la mairie ensemble.

Thierry   Et si nous nous arrêtions en cours de route à Avignon? Nous pourrions visiter le Palais des Papes.

Colette   Ah, non. Moi, je préférerais aller directement à Paris. Tiens! On pourrait se marier dès demain et puis nous partirions en voyage de noces, et puis...

La portière s'ouvre et l'inspecteur Mairet avec son chapeau melon entre.

L'Inspecteur   Alors, mes enfants, ça va? Je ne pouvais pas vous laisser partir sans vous dire au revoir et vous souhaiter tout le bonheur possible!

Colette   Oh, Inspecteur, c'est gentil. Vous devriez monter à Paris avec nous. Vous assisteriez à notre mariage. Vous êtes invité.

L'Inspecteur   Je vous remercie, mais je suis trop sentimental. Je pleure à tous les mariages. *(Une voix venant du quai:)*

La voix   En voiture! En voiture! Attention au départ!

L'Inspecteur   Je vous quitte. Au revoir! Et bonne chance!

Colette et Thierry   Au revoir, Monsieur l'inspecteur! *(Un coup de sifflet et le train s'ébranle.)*

Questions

1. Comment est-ce que Colette reconnaîtrait mieux l'inspecteur Mairet?
2. Qu'est-ce qui a aidé l'inspecteur sans le savoir?
3. Porquoi est-ce que l'inspecteur et ses hommes ont enlevé Thierry?
4. D'où étaient Jean'Louis et Alain?
5. Quel compliment l'inspecteur fait-il à Colette?
6. Comment Colette s'était-elle trompée à l'égard du petit monsieur?
7. Pourquoi l'inspecteur ne s'est-il pas identifié tout de suite à Colette?
8. Où iront Jean-Louis et Alain?
9. Qu'est-ce que Colette aimerait faire sans s'arrêter à Avignon?
10. Pourquoi est-ce que l'inspecteur est venu à la gare?

Vocabulaire

A

à to, at
  à bientôt see you soon
  à cause de because of
  à deux pas de two steps away from, near
  à double tour with a double turn
  à haute voix aloud
  à la mode in style
  à moi! help!
  à peine scarcely
  à toute à l'heure see you in a little while
  au fait by the way
  au secours! help!
l' **abord** (m) contact
  au premier abord right at first
accorder to grant
l' **addition** (f) bill (at restaurant)
s' **adresser à** to talk to
advenir de to become of
aéré ventilated
l' **affaire** (f) matter, business
s' **affairer à** to be busy
affreux awful
afin de in order to
aider to help
ailleurs elsewhere
aimable nice
ajouter to add
aller to go
  allez-y go ahead
  si nous allions? suppose we were to go...
l' **aller et retour** (m) round-trip ticket
alors then, well then
les **Alpes Maritimes** (f) southern Alps
l' **amant** (m) lover
amener to bring
l' **amoureux** (m) person in love
s' **amuser** to have fun
l' **an** year
  une fois par an once a year
anxieux anxious
l' **apéritif** (m) drink before dinner
l' **appareil** (m) telephone
apporter to bring
s' **apprêter à** to get ready to
appuyer sur to press
l' **Armée du Salut** (f) Salvation Army
arranger to arrange
  Ça m'arrange vachement That helps me a lot
l' **arrêt** (m) stop
s' **arrêter** to stop
l' **arrière-pays** (m) back country
l' **arrivée** (f) arrival
arriver to happen
l' **arrondissement** (m) Parisian administrative district

l' **ascenseur** (m) elevator
s' **asseoir** to sit down
assister à to attend
attendre to wait (for)
aussitôt arrivé(e) as soon as you arrive
avaler to swallow
avant de before
avertir to warn (inform), to notify
avoir to have
  avoir besoin de to need
  avoir confiance to trust
  avoir hâte de to be in a hurry
  avoir honte to be ashamed
  avoir l'air to seem
  avoir lieu to take place
  avoir mal à la tête to have a headache
  avoir raison to be right
  avoir rendez-vous to have an appointment
  avoir une faim de loup to be as hungry as a bear
  en avoir assez de to be fed up with
  il y a ago; there is, there are
  vous ne m'aurez pas you won't overwhelm me

B

la **bagnole** car, jalopy
le **bain** bath
  balayer to sweep
la **baliverne** triviality
  Balivernes! Nonsense!
le **banc** bench
la **bande** gang
le **bandeau** gag (on the mouth)
les **bas** (m) hose, stockings
bavard talkative
le **beaujolais** Beaujolais wine
bel et bien definitely
ben why (not as in a question)
bête stupid
la **bêtise** stupidity
le **bidet** bidet
le **bien** good
bien sûr of course
le **bijou** jewel ('pistol' in this story)
la **blague** joke
blaguer to kid
le **blouson noir** hood (gang member)
le **bonheur** happiness
le **bonhomme** guy
le **bordeaux** Bordeaux wine
bouche cousue mum, tightlipped
bouclez-la shut up!
bouger to move
la **bouillabaisse** southern French fish stew
le **boulot** work
le **bouton** button
braquer sur to aim at
bref in short

la **brosse à dents** toothbrush
le **bruit** noise
brusquement sharply

C

la **cabine téléphonique** telephone booth
se **cacher** to hide
la **cage aux folles** house with nutty women
le **camembert** popular type of Norman cheese
car because
la **carte d'identité** I.D. card
causer to chat
le **célibataire** bachelor
la **cellule** cell
chacun son tour let each one have his turn
la **chaleur** heat, warmth
la **chambre à coucher** bedroom
se **changer** to change one's clothes
le **chapeau melon** derby hat
la **chasse** hunting
le **chausson aux pommes** apple strudel
la **chaussure** shoe
chauve bald
le **chef** leader
le **chic type** nice guy
choisir to choose
la **chose**
autre chose something else
cinglé crazy
la **circulation** traffic
le **cirque** circus
le **clochard** hobo
le **coin** neighborhood, corner
collant sticky
le **collier** collar
le **combiné** receiver
comme as
comme convenu as agreed
comme une fleur unnoticed
comme un pressentiment a sort of suspicion
commencer to begin
ça commence à bien faire that's going too far
le **commissariat** police headquarters
le **compagnon** friend
le **compartiment à gants** glove compartment
le **complice** accomplice
se **compliquer** to become complicated
composer le numéro to dial the number
comprendre to understand
compris included
la **concierge** doorkeeper-janitor
le **conducteur** driver
conduire to drive
confier to entrust with
connaître to know, to be acquainted with
conseiller to advise
le **contrebandier** smuggler
le **contrôleur** conductor (train)
le **copain** buddy
le **cordonnier** cobbler, shoe mender

le **cortège** procession
la **côte** coast
le **côté** side
de tous les côtés in all directions
se **coucher** to go to bed
la **couchette** sleeper (train bed)
le **couloir** hallway
le **coup** jolt, blow
coup de fil phone call
le **coup**
coup de frein screeching of brakes
coupable guilty
la **cour** courtyard
courir to run
le **courrier** mail
le **cours** course
en cours de route along the way
court short
la **crise cardiaque** heart attack
croire to believe
la **cuisine** kitchen

D

d'abord at first
d'ac? O.K.? (from 'd'accord')
d'accord agreed
dame! you bet!
d'après according to
le **début** beginning
décrocher le combiné to unhook the receiver
le **défaut** defect (flaw)
déjà already
déjeuner to have breakfast
le **déjeuner** lunch
demain tomorrow
demander to ask (for)
se **demander** to wonder
déménager to move (change residence)
le **départ** departure
se **dépêcher** to hurry
de plus en plus vite faster and faster
depuis since
depuis combien de temps for how long
se **déranger** to go out of one's way
dernier last
dernièrement lately
derrière behind
dès right from the time I (he, etc.) was, as soon as
descendre to go down, to take down, to lower
désespérer to lose hope
désolé sorry
dessous beneath
dévaliser to rob
devant in front of
devenir to become
C'est à devenir fou It's enough to make you crazy
le **dévergondage** uninhibited behavior
deviner juste to guess right
dévisager to stare at

devoir to have (to), must
  il devait venir he was supposed to come
  il doit y avoir there must be
  je dois I'm supposed
  vous auriez dû you should have
dévoué devoted
dingue crazy
dire to say, to tell
  dis donc say now
se **diriger** to direct oneself
discrète (f) discreet
discuter to have a discussion
la **disposition** disposal
  à votre disposition at your disposal
le **divan-lit** sofa bed
domestiqué domesticated, tamed
donc therefore
donner to give
  donner sur to open onto
dormir to sleep
le **dos** back
doucement gently
la **douche** shower
le **doute** doubt
drôle funny
durer to last

E

échapper to escape
  l'échapper belle to barely escape
éclaircir to clear up
l' **éclaircissement** (m) clearing up
écraser to run over
l' **écriture** (f) handwriting
effaré frightened
effrayant frightening
embarquer to load
l' **émission** (f) broadcast
emmener to lead away, to take away
s' **emparer de** to grab hold of
s' **empresser de** to hurry
emprisonné imprisoned
en bas downstairs
encore une fois once more
énervant(e) nerve-racking
énerver to annoy
l' **enfer** (m) hell
s' **enfermer** to lock oneself in
l' **enlèvement** abduction
enlever to abduct
enseigner to teach
entamer to begin
s' **entendre** to hear one another
entendu agreed
entier entire
en train de in the act of
l' **entraînement** (m) training
l' **entrée** (f) opening dish, entrance
entrouvrir to open slightly
épuisant exhausting

l' **escalier** (m) stairway
l' **escalope de veau** (f) veal cutlet
  espèce de brute! darned brute!
l' **espoir** (m) hope
l' **esprit** (m) spirit
essayer de to try to
essoufflé out of breath
étourdi bewildered (scatterbrained)
être to be
  Ça y est that does it
  être à l'heure to be on time
  être bien to be good-looking, to be all right
  être dans le pétrin to be in trouble
  être dans tous ses états to be extremely upset
  être de retour to be back
s' **évader** to escape
l' **évier** (m) kitchen sink
l' **excès** (m) excess
s' **excuser** to apologize
exécuté carried out
s' **exiler** to get away
expliquer to explain
exprès on purpose

F

se **fâcher** to become angry
la **façon** way, fashion, manner
  de toute façon anyway
  En voilà des façons. That's a fine way to act.
  la façon dont way in which
faire to make, to do
  cela ne me fait ni chaud ni froid that doesn't matter to me one way or the other
  comment se fait-il que how is it that
  en faire autant to do the same
  faire attention to be careful
  faire des heures supplémentaires to work overtime
  faire du bien to do good
  faire la queue to stand in line
  faire le malin to wise off
  faire l'idiot to act like an idiot
  faire partie de to belong to
  faire peur à to frighten
  faire preuve de to demonstrate, exhibit
  faire sa valise to pack one's suitcase
  faire une touche to make a promising acquaintance
  Il fait lourd. It's humid.
  faites-moi savoir let me know
  ne t'en fais pas don't worry
  Qu'est-ce que ça peut faire? What difference does that make?
  se faire kidnapper to get himself kidnapped
falloir to be necessary
  il faut it is necessary
féliciter to congratulate
la **femme de ménage** the housekeeper
fiancée (f) engaged

la **fiche** form (paper)
  ficher to do
  fier proud
  se **fier à** to trust in
le **filet** overhead baggage rack (net)
la **fille** daughter
la **fin** end
  flâner to stroll casually
la **flèche** arrow
le **flic** cop
  flirter to flirt
la **fois** time
  foncer to floor the gas pedal
le **fond** bottom, back end
  au fond de at the end of
le **footing** jogging
  foutre to do, to give
  vous vous foutez du monde you're playing
    games with me
  frapper to strike
  freiner to brake
le **fromage** cheese

G

le **gamin** kid, tot
la **garçonnière** bachelor's flat
la **garde** guard
  de garde on duty
  garder to keep
la **gare** train station
  gare à beware of
  garer to park
  gênant annoying
  gêner to bother
  grâce à thanks to
  grand'chose a lot
les **Grandes Lignes** (f) main railways
  grand temps about time
  gratuit free of charge
  gratuitement free of charge
  grave serious (e.g., serious illness)
  gravé engraved
le **gré** will
  de son propre gré on his own
  griller le feu rouge to run through the red light
  guetter to watch for, to spy on
le **guichet** ticket window

H

l' **habit** (m) uniform, suit
  habiter to live in
  habitué accustomed
l' **heure dite** (f) prearranged time
l' **histoire** (f) story
l' **hiver** (m) winter
  hop! get going!
l' **Hôtel Dieu** (m) Paris hospital near Notre-Dame

I

  il y a there is, there are
  Qu'est-ce qu'il y a? What's wrong?
l' **imbécile** (m) imbecile
  immatriculée registered
l' **immeuble** (m) large building
  impec impeccable
  inaperçu unperceived
  inattendu unexpected
  incroyable unbelievable
  inférieure (f) lower, inferior
  inquiet worried
s' **inquiéter** to worry
  interpeller to call forth
l' **insu** (m)
  à l'insu de unbeknownst to
  inutile useless

J

  jeter to throw
  jeter un coup d'oeil sur to glance at
le **jeton** telephone token
  jouer to play
  jouer d'un instrument to play an instrument
  jouer au tennis to play tennis
le **joujou** toy (a pistol in this story)
le **journal télévisé** T.V. newscast
  jurer to swear
  jusqu'à until
  justement precisely

L

  lâcher to release
la **laisse** leash
  laisser to let, to allow
  laissez-moi tranquille leave me alone
la **larme** tear
  en larmes in tears
le **lavabo** bathroom sink
le **lendemain** next day
le **lieu** place, location
  au lieu de instead of
la **loge** doorkeeper's living quarters
  loin de far from
  longer to go along beside
le **lot** lot
  le gros lot the whole kit and kaboodle
  louche suspicious, shady
la **lune de miel** honeymoon
les **lunettes de soleil** (f) sunglasses
le **lycée** high school

M

le **magnétophone** tape recorder
la **main** hand
le **maire** mayor
la **mairie** city hall
  mal badly

le **malabar** muscleman
le **malaise** sickly feeling
malin clever
manquer to miss
   manquer de to fail, to lack
maquillé made up
le **marché** market
   bon marché cheap
marcher to function
le **mariage civil** civil wedding (at town hall)
le **marié** groom
marrant funny, fun
le **matin** morning
même same, even
les **menottes** (f) handcuffs
la **mer** sea
le **Méridional** Southerner
le **métier** profession
mettre to put
   mettre la main dessus to nab (him)
   mettre un peu d'ordre to straighten up a bit
le **Midi** the South
mieux better
mignon(ne) cute
mine de rien unscrupulously
Miséricorde! Lord have mercy!
le **monde** people
la **monnaie** change
monter dans to get into
mufle ill-bred
myope nearsighted

N

la **naissance** birth
navré sorry
négligé neglected
ne ... que only
le **nerf** nerve
   sur les nerfs tense
Nettoyer to clean
le **Niçois** person from Nice
le **nom** name
   nom d'un chien darn it
   nom d'une pipe good Lord
non plus neither
la **nuit** night
   de nuit at night
nulle part nowhere

O

obéir à to obey
obtenir to obtain
s' **occuper de** to take care of
l' **oeil** (m) eye
   mon oeil my eye (nothing doing)
offert offered
l' **or** (m) gold
ou bien or rather
oublier to forget

l' **ours** (m) bear
ouvrir to open

P

le **pain** bread
le **Palais des Papes** Popes' Palace
le **palier** landing (of a floor)
Pâques Easter
par by
   par ici over this way
   par la fenêtre through the window
paraître to appear
se **pardonner de** to forgive oneself for
parier to bet
la **parole** word
la **partie de cache-cache** game of hide-and-go-seek
partir to depart
partout everywhere
le **pas** step
   à petits pas with small steps
pas mal de quite a bit of
passer to come by (your house)
   il ne se passe pas un jour not a day goes by
   je passe te chercher I'll come get you
le **passionné** fanatic
le **pâté** liver pâté (a hors-d'oeuvre)
le **patron** boss
le **paysage** countryside
le **peignoir** housecoat
la **peine** trouble
   Ce n'est pas la peine It's no use
penser (+ infinitif) to intend
   penser à to think about
perdre to lose, waste
le **perrier** glass of Perrier mineral water
peut-être maybe
la **pièce** room (of building), coin
le **piège** trap
la **piste** trail
   la bonne piste the right trail
la **place** seat
se **plaindre** to complain
plaire to be pleasing
   il plaît it is pleasing
plaqué plated
la **plaque d'immatriculation** license plate
pleurer to cry, weep
pleurnicher to whimper
pleuvoir to rain
   il pleut it's raining
la **pluie** rain
plusieurs several
plutôt rather
la **pointe** tip, end
   la pointe des pieds tiptoes
porter to bear
le **porto** port wine
le **poudrier** compact (for makeup)

le **poulet** chicken
le **pourboire** tip (money)
pour l'instant for now
pourtant however
pousser to push
pouvoir can, to be able
   Ça se pourrait. That could be.
la **préférence** preference
   de préférence preferably
premier first
   en première in first class
prendre to take
se **présenter** to introduce oneself
presque almost
pressé in a hurry
prêt ready
la **preuve** proof
prévenir to forewarn
prier to beg
   je vous en prie I beg your pardon, you're
   welcome, don't mention it
le **printemps** springtime
pris caught, taken
le **prisonnier** prisoner
privé private
le **prochain** next one
   au prochain next
prochainement soon
profiter de to take advantage of
profondément deeply
se **promener** to stroll
propre clean
protéger to protect
la **puce** flea
puis then
puisque since

Q

le **quai** loading platform
quand même anyway
quelque part somewhere
la **quinzaine** about fifteen
   une quinzaine de jours about two weeks
quitter to leave

R

la **R-5** Renault 5
raccrocher to hang up
raconter to tell
rajouter to add again
ralentir to slow down
ramasser to pick up
se **rassurer** to be reassured
rater to miss
   rater le coup to mess things up (to fail)
rattraper catch up with
le **rayon** department
la **réception** reception desk

la **recherche** search
   à la recherche de in search of
le **réfectoire** cafeteria
regarder to look (at)
   Regardez-moi ça Just look at that
le **régiment** army regiment
la **règle** rule
   en règle in order
rejoindre to join, to meet
relâcher to release
se **relayer** to relieve one another, take turns
remarquer to notice
remercier to thank
remettre to hand over
remonter to go back up
remplir to fill out
rencontrer to encounter
rendre to make, render
   rendre visite à to visit (visit people only)
   se rendre compte to realize
se **renseigner** to get informed
rentrer to return, to go back
le **repas** meal
le **représentant de commerce**
   commercial representative
le **resquillage** butting in line
retrouver to find again
réussir to succeed
revenir to return, to come back
rêver to dream
la **revue** magazine
rien de tel que nothing like
rire to laugh
la **robe de chambre** housecoat
rouler sur l'or to be rolling in money
la **ruelle** narrow street
se **ruer sur** to rush toward
la **ruse** trick

S

sacré dear old (affectionately)
sage wise
sain et sauf safe and sound
la **salle** room
   la salle à manger dining room
   la salle d'attente waiting room
   la salle de bains bathroom
le **salon** living room
sans without
   sans que without
sauver to save
se **sauver** to run away
savoir to know
le **savon** soap
second second
   en seconde in second class
secouer to shake
la **semaine** week
sembler to seem

semer to shake off, to sew
se **sentir mal** to feel bad
la **séquence** preview
la **serviette** towel
servir to serve
  servant de serving as
signer to sign
le **smoking** tuxedo
le **soleil** sun
sonner to chime, to ring
la **sortie** exit
  la sortie de l'université graduation
  la sortie de secours emergency exit
sortir de to get out of
soucieux worried
le **souffle** breath
souhaiter to wish
la **souris** mouse
sournois sly
le **sous-sol** basement
· **souvent** often
spacieuse (f) roomy
· **stationner** to park
le **steak pommes frites** steak with French fries
suffire to suffice, to be enough
la **suite**
  de suite right away
suivre to follow
  je vous suis I'm following you
  suivi de followed by
  suivre des yeux to keep looking at
le **sujet** subject
  à votre sujet about you
supérieure (f) upper, superior
supplier to implore
  je vous en supplie I beg of you
sur on
  240 sur 500   240 out of 500
le **surnom** nickname
surtout especially
surveiller to watch over
sympa nice

T

la **taille** height
se **taire** to stop talking
  taisez-vous stop talking
tandis que while
tant que as long as
tapé sur la tête cracked in the head
le **tapis** rug, carpet
la **tarte aux fraises** (f) strawberry pie
la **tasse** cup
tenir à to be fond of
se **tenir debout** to be standing
la **tente** tent
têtu stubborn
Tiens! Hey!
tomber to fall
tôt early

le **tournant** curve
tourner to turn
tout all
  tout à fait completely
  tout à l'heure in a little while
le **toutou** puppy
traquer to hunt
le **trottoir** sidewalk
se **trouver** to be located
tuer to kill
le **type** guy

V

les **vacances** (f) vacation
la **vaisselle** dishes
le **vaurien** rascal
venir de to have just
la **vérité** truth
verni patent leather
vers toward
le **vestibule** lobby
la **veuve** widow
la **vie** life
vieux old
  mon vieux old man (my friend)
vite quickly
la **vitesse** speed
la **voie** track
voir to see
voisine (f) adjacent
la **voiture** car
voler to steal
le **voleur** thief
vouloir to want
  Qu'est-ce que vous voulez? What do you expect?
le **voyage** trip, voyage
  en voyage de noces on a wedding trip
vraiment really
la **vue** snapshot

W Y Z

le **wagon-restaurant** dining car
le **yaourt aux framboises** raspberry yogurt
zut! darn!